DE L'ADMINISTRATION

DE LA

VILLE DE VERDUN

PENDANT LA GUERRE.

VERDUN

IMPRIMERIE LALLEMANT, RUE St-PAUL, 6.

1871.

DE L'ADMINISTRATION

DE LA

VILLE DE VERDUN

PENDANT LA GUERRE.

En vertu des préliminaires de paix et de la convention qui en a été la suite, la plupart des administrations reprennent successivement leurs fonctions dans les départements envahis, et notre ville, après avoir été pendant huit mois sans communication aucune avec le reste de la France rentre enfin, au point de vue des services civils, dans une situation normale. Il peut être intéressant de jeter un coup d'œil sur la situation que la guerre et l'invasion ont faite à la ville de Verdun pendant ce long isolement, et sur le gouvernement de notre cité durant une période aussi critique.

Comme s'il n'avait pas suffi d'avoir à lutter contre les difficultés amenées par les évènements, l'administration municipale se trouva, dès le début, entourée d'un conseil renouvelé en grande partie et dont elle ne connaissait pas encore les dispositions à son égard ni les tendances. Mais l'élection de ce conseil, faite au bruit sinistre de nos premiers revers était un triste présage, et un avertissement sérieux de la rude mission qu'il avait à remplir. Il ne pouvait se faire d'illusion sur l'étendue de ses devoirs et de sa responsabilité, aussi il s'empressa de donner sans réserve à l'administration le concours qui lui était nécessaire.

Il y avait trois semaines à peine qu'il était installé, qu'il se trouva en présence d'une question redoutable.

L'arrondissement était inondé de troupes ennemies ; la ville, bloquée depuis huit jours, avait déjà subi un bombardement ; les impôts ne se percevaient plus, la caisse de la recette particulière était vide, et l'octroi ne produisait rien. Cependant, il fallait pourvoir à l'entretien de la garnison doublée par l'arrivée de nombreux échappés de Sedan, et qui montait à plus de 5000 hommes. Il fallait venir en aide aux employés du Gouvernement qui ne touchaient aucun traitement, aux ouvriers qui avaient travaillé aux fortifications et n'étaient pas payés ; sauver les uns et les autres ainsi que leurs familles d'une situation qui devenait de jour en jour plus précaire, et qui, pour beaucoup, était la misère.

Le général commandant supérieur dut recourir à la ville pour se procurer les fonds dont il avait besoin. A quatre reprises différentes, il s'adressa à son patriotisme, en vertu du pouvoir discrétionnaire qu'il tenait de ses fonctions, et chaque fois la ville se mit en devoir de satisfaire à ces réquisitions, malgré des difficultés qui s'accroissaient sans cesse, car à mesure que les besoins augmentaient et devenaient plus pressants, les moyens d'y faire face devenaient plus rares et presqu'introuvables.

Le 2 septembre, l'administration put se procurer une première somme de 45,000 fr.

grâce aux concours de MM. Jobert et Lévy et de M. Pasquin, banquiers à Verdun ; mais cette somme fut bientôt épuisée, et le 15 du même mois survint une seconde réquisition de 110,000 fr. qui fut couverte à grand'peine par la population ; elle y consacra quelques épargnes qui lui restaient encore. Mais c'était un effort suprême , et lorsque trois semaines plus tard, le 7 octobre, le général s'adressant à l'administration pour la troisième fois, lui demanda la somme énorme de 300,000 fr., celle-ci se trouva acculée à une impossibilité absolue ; il eut été effectivement dérisoire de chercher une pareille quantité de capitaux dans une ville épuisée par les deux premiers emprunts et ruinée par deux mois de blocus. Cependant cette somme était indispensable si l'on voulait prolonger la défense de la place ; on savait que le jour ou les ressources viendraient à manquer, on n'aurait plus qu'à ouvrir ses portes à l'ennemi. En présence de cette nécessité implacable, le conseil n'hésita pas à prendre une mesure très-grave et qui devait faire peser sur lui une lourde responsabilité morale. Ce fut l'émission de papier-monnaie.

Il ne se dissimulait pas la défiance qui s'attache au papier quelle que soit la valeur du gage qu'il représente ; il offre par sa nature même, certaines chances de perte et de destruction qui en rendent l'acceptation difficile. C'est pourquoi le conseil voulut lui donner une surabondance de garanties. Les bons de la Caisse municipale revêtus de la signature du général stipulant au nom de l'Etat, étaient pour la ville, les titres de sa créance vis-à-vis du trésor. Le conseil municipal ne se contenta pas de cette première sûreté, il, y affecta comme gage toutes les propriétés de la ville, enfin, les hospices furent appelés à y ajouter, en troisième rang et subsidiairement la garantie de leurs immeubles. En même temps on en prescrivit le cours forcé dans l'intérieur de la ville. Lorsque, après la capitulation, des relations s'établirent avec l'extérieur, il fallut, pour faire accepter notre papier-monnaie dans les campagnes, et faciliter le ravitaillement de la ville, y attacher un intérêt de cinq pour cent. C'est ainsi que l'administration s'efforça de sauvegarder par tous les moyens qui étaient en son pouvoir, les intérêts des détenteurs et ceux du commerce.

Enfin, le 2 novembre, une dernière réquide 200,000 fr. qui devaient être également émis en papier, vint terminer cette longue série d'avances que la ville avait été obligée de faire. Cette dernière émission, interrompue quelques jours après, par la capitulation, ne fut réalisée que pour 80,000 fr. environ.

En même temps que le Conseil municipal se soumettait à tous les sacrifices pour venir en aide à l'État, il ne perdait pas de vue un autre intérêt non moins important, celui de l'alimentation de la population. Plusieurs négociants offrirent de faire entrer en ville une certaine quantité de blé, mais ils demandaient que la ville les garantit contre les faits de guerre ; leur demande fut accueillie sans hésitation. D'un autre côté, un vote supplémentaire de 1050 fr. pour venir en aide au bureau de bienfaisance assura du pain aux familles nécessiteuses.

Vint le 9 novembre, cette date néfaste qui restera dans les souvenirs de notre vaillante population comme l'une des plus cruelles de son histoire. Des difficultés, des exigences se pressèrent, rapides, nombreuses, incessantes, surtout dans les premiers jours. Jusqu'alors l'administration avait été dirigée et soutenue par le pouvoir et les ordres du général commandant supérieur ; désormais elle allait se trouver sans instructions, sans conseils, sans appui, en présence d'une autorité sans contrôle, qui ne reconnaissait d'autre droit que celui du vainqueur. La ville était protégée, il est vrai, par sa capitulation ; les conditions en étaient très-honorables, sans doute, mais l'exécution en était subordonnée à la volonté et aux intérêts stratégiques de l'armée victorieuse. Pendant toute la durée de la guerre, et même depuis, l'administration et le conseil n'ont cessé de lutter avec énergie pour la défense des droits reconnus à la ville par cette capitulation ; et si, malgré tous leurs efforts, ils ont échoué sur quelques points, il est juste de reconnaître qu'ils ont épargné à la caisse municipale des dépenses considérables et qu'à l'exception du logement militaire, la population n'a subi ni impôts, ni réquisitions.

La Capitulation portait que les troupes allemandes seraient, « *autant que possible,* » logées dans les bâtiments militaires. Ces bâtiments avaient beaucoup souffert du bombardement, les toitures étaient percées à jour, les fenêtres n'avaient plus de carreaux, le mobilier était presqu'entièrement détruit et brûlé, il fallait mettre tout en état avant de pouvoir loger les troupes. De nombreux obstacles s'opposèrent à l'exécution de ces mesures indispensables ; les communications étaient interrompues, on manquait de maté-

riaux pour les réparations, on n'avait aucun
moyen de se procurer la quantité de couchages dont on avait besoin. Cependant, grâce
au concours du préposé de la compagnie des
lits militaires qui prit sur lui de faire réparer
et de prêter à la ville tout ce dont il pouvait
disposer, on put placer dans les casernes, une
partie de la garnison. Mais les couvertures
manquaient, il fallut que la ville, à plusieurs
reprises, en envoyât chercher en Belgique ;
et ce ne fut qu'à la longue, et au prix de
grands efforts que l'on parvint à réunir 1800 à
2000 lits. Telles furent les causes qui prolon-
gèrent le séjour des troupes chez l'habitant.
On croyait toucher au moment où la population allait être tout-à-fait affranchie de cette
pénible obligation, lorsqu'un accroissement
considérable et inattendu de la garnison vint,
à la fin de mars, rendre insuffisantes les
dispositions qu'on avait prises avec tant de
peine. On s'adressa, aussitôt qu'on le put, à
l'intendance militaire, récemment rétablie à
Bar, et l'on vient d'en obtenir 500 couchages ;
le conseil municipal a décidé l'achat de nou-
velles couvertures, et tout fait espérer que,
très-prochainement, la population sera déli-
vrée, et cette fois pour toujours, des embarras
du logement de la garnison.

Quant à l'envahissement des maisons pendant les premiers jours de l'occupation, il
faut l'attribuer à deux causes qui furent tout-
à-fait indépendantes de l'administration. Par
suite de la grande quantité de troupes qui
entrèrent le 9 novembre par toutes les portes
de la ville, le temps manqua absolument pour
en faire la répartition. En second lieu, l'armée
avait reçu des ordres pour se cantonner par

quartiers, suivant les différents corps dont elle se composait, elle ne voulut s'astreindre à aucune formalité, et se logea militairement et de force, sans écouter les réclamations qu'on lui adressa. Plus tard, lorsque l'encombrement fut dissipé, les logements purent être régularisés et ils furent répartis par billets entre les habitants.

En ce qui concerne le logement des officiers, l'administration traita avec les propriétaires des appartements garnis, qui se chargèrent des officiers et de leurs ordonnances moyennant une indemnité de 15 francs par mois, la fourniture du chauffage par la ville, et l'exemption du logement militaire. En même temps, des pensions furent établies dans les principaux hôtels, au prix de 70 fr. par mois et par officier ; ces derniers devant fournir, en outre, leurs vivres de campagne.

Nous arrivons aux réquisitions. La Capitulation garantissait la ville contre *toute contribution de guerre* et *réquisitions en argent ;* néanmoins plusieurs réquisitions furent faites par ordre du Gouverneur-général en Lorraine. La première avait pour objet, la saisie, moyennant indemnité à payer par la ville, de toutes les flanelles et les chemises de laine qui pouvaient se trouver chez les commerçants de Verdun. Quelques jours après, ce fut une demande de 2500 couvertures pour l'armée ; puis la nourriture dans un hôtel désigné, du commandant de place et de ses deux aides-de-camp ; enfin une réquisition de vivres pour former des magasins destinés au retour de l'armée allemande à la conclusion de la paix. Ces quatre demandes se succédèrent coup sur coup dès le mois de novembre. La seconde seule put être évitée, par l'entremise du général de Gayl, signataire de la Capitulation.

Mais la plus grave de toutes et qui devait entraîner la ville dans des dépenses excessives, fut celle qui prescrivait, à la fin de décembre, de nourrir toutes les troupes de la garnison et de passage. C'étaient environ 60,000 francs par mois qu'il devait en couter à la ville; l'administration résista. Après bien des pourparlers et un échange de correspondance restés sans résultat, le maire fut obligé d'aller lui-même à Nancy porter sa réclamation au gouverneur-général. Les termes de la capitulation étaient formels, le droit de la ville était indiscutable, cependant la mission de notre premier magistrat n'eut qu'un demi succès. L'obligation de nourrir les troupes de passage fut maintenue, quant à celle qui concernait la garnison, le gouverneur ordonna que plusieurs cantons des environs de Verdun partageraient cette charge avec la ville et à tour de rôle.

Ce n'était pas tout; à ces demandes émanant du gouvernement général se joignaient une foule d'exigences de détail, et qui se renouvelaient chaque jour. C'étaient des fournitures de bois et de lumières aux corps de garde et aux casernes, divers objets mobiliers pour les bâtiments militaires, des articles de bureau, des réquisitions de matériaux et d'outils, des chevaux et des voitures pour des voyages d'officiers et des transports, toutes de peu d'importance chacune, mais qui ne laissèrent pas que de monter à un chiffre

assez élevé. L'administration avait jugé utile
d'y satisfaire pour ne pas multiplier les difficultés à l'infini, et envenimer des relations
qui auraient abouti à des vexations intolé
rables pour la population.

Vient enfin la question des impôts. Le gouvernement prussien avait décidé qu'il per-
cevrait, pour son compte, les contributions
dues à l'État français ; mais ne faisant pas de
distinction entre nos divers impôts, il établis-
sait une contribution unique dont le montant
était basé, disait-il, sur le total de celles
qu'avait payées la ville en 1869. On dut
verser les douzièmes de novembre et de décembre s'élevant chacun à 28,887 francs,
mais on obtint la déduction des sommes déjà
payées par anticipation par les contribuables.
Cette repartition était assez exacte et ne cons-
tituait pas d'aggravation de charges pour
l'ensemble des habitants. Mais il n'en fut pas
de même en 1871 ; le douzièmefut porté, sans
explication et sans motifexpliqué, à 53,475 f.,
près du double du chiffre précédent. Cette
somme était de beaucoup supérieure à l'impôt français, le surplus était, par conséquent,
une véritable contribution de guerre dégui-
sée. Le conseil municipal consentit à payer le
chiffre fixé pour 1870 mais se refusa au paie-
ment de la différence. Il réclama énergique-
ment et à plusieurs reprises, mais inutilement,
et la question était encore pendante, lorsque la
convention faite en exécution des préliminaires de paix, vint mettre fin au débat.

Indépendamment des intérêts de la ville et
de ses habitants qu'il fallait défendre chaque
jour, il en était d'autres que l'on ne pouvait

délaisser bien qu'ils dussent avoir pour résultat d'accroître sans cesse les sommes déjà
si considérables dont la ville se trouvait en
avance vis-à-vis de l'Etat. En l'absence de
tout représentant de la France, il fallait que
la ville s'y substituat ; elle le fit sans mandat,
il est vrai, mais d'urgence ; elle en accepta la
responsabilité, car elle ne devait pas laisser
périr des intérêts, abandonnés de tous, et que
personne autre ne pouvait prendre en main.
C'étaient les réparations indispensables à
faire aux bâtiments militaires, le traitement
des malades et des blessés dans les ambu-
tances, l'entretien des enfants de troupe
laissés par la garnison française, le rapa-
triement des prisonniers revenant d'Alle-
magne, etc.

Tant d'obligations diverses, imposées à la
ville depuis le commencement de la guerre,
exigeaient des ressources considérables. La
préoccupation constante de l'administration fut d'y faire face sans demander,
dans des moments aussi difficiles, aucun
sacrifice aux habitants. Elle eut la bonne
fortune d'y réussir. Les dépenses mises,
par les circonstances, à la charge de la caisse
municipale pouvaient se ranger dans trois ca-
tégories : les avances faites à l'Etat, les frais
de l'occupation étrangère et les impôts
exigés par le gouvernement prussien. Les
premières furent couvertes au moyen de deux
emprunts et de deux émissions de papier-
monnaie, les uns et les autres rembour-
sables quand la ville serait rentrée dans ses
avances.

Comme les frais faits pour le logement des

troupes avaient pour objet d'en affranchir les habitants, on avait songé d'abord à les repartir, proportionnellement et sous forme d'impôt spécial, sur les personnes qui devaient profiter de cette exonération ; mais on reconnut que la somme qui devait être demandée à chacune d'elles serait excessive, sans que pour cela, il en résultat un allégement notable pour la caisse municipale. On résolut en conséquence de mettre cette dépense, ainsi que toutes celles qui résulteraient de l'occupation, à la charge de la ville, sauf à y pourvoir au moyen d'un emprunt qui fut ouvert au mois de janvier, et dont le remboursement, reparti en plusieurs annuités, et arrivant dans des circonstances moins défavorables, allégerait d'autant la part contributive des habitants.

Quant à l'impôt prussien, comme il représentait la contribution française, le moyen d'y faire face était naturellement indiqué ; c'était de continuer la perception de cette contribution, et comme les administrations françaises ne fonctionnaient plus, d'achever de lever, pour le compte de la ville, ce qui restait dû sur l'impôt direct, et de rétablir celui de la régie sur les boissons, sous forme de taxe municipale. L'administration pensa, et elle ne fut pas trompée dans son attente, qu'elle pouvait avoir confiance dans le patriotisme de ses concitoyens, et qu'ils accepteraient cette taxe qui n'était pas une charge nouvelle pour eux, mais seulement une attribution différente donnée à un état de choses existant. Dans la répartition de cet impôt, le conseil prit pour base les produits similaires de 1869, en restant cependant toujours au-dessous, en tenant compte des souffrances du commerce pendant la guerre, en faisant remise d'un mois sur le dernier trimestre de 1870, enfin en faisant largement droit à toutes les réclamations justifiées.

Tels sont les devoirs qui incombèrent à l'Administration et au Conseil municipal depuis le 23 août 1870, date de l'investissement de la cité. Jamais mission plus grave, jamais plus grande responsabilité n'ont été imposées à une municipalité. Si ses efforts, par suite des difficultés insurmontables de la situation n'ont pu arriver à affranchir entièrement la population des charges de l'invasion, au moins a-t-elle eu la satisfaction d'alléger ces charges dans la limite du possible. A part les logements militaires, que les soins donnés au rétablissement des casernes ont rendus de moins en moins fréquents et vont même faire cesser, les habitants n'ont eu à supporter ni contributions extraordinaires, ni réquisitions de guerre. Ces résultats exceptionnels, si on les compare à la situation de tant d'autres villes envahies, sont dus sans doute à notre honorable capitulation. Mais nul ne contestera qu'une grande part doit être attribuée aussi à la conduite à la fois énergique et prudente du Maire de la ville, qui sut défendre cette Capitulation, à son tact, à sa loyauté qui sut ménager toutes les susceptibilités d'une autorité rendue exigeante par l'énivrement du succès, écarter toute prévention, toute pensée hostile contre la population sans abandonner aucun de ses droits. En cela, il fut puissamment secondé par l'attitude calme et digne de cette population, par le concours actif, par le zèle infatigable de ses deux adjoints et par la coopération incessante du Conseil municipal qui se déclara en permanence dès les premiers jours de l'occupation et ne tint pas moins de trente-cinq séances depuis son installation sans compter les réunions presque quotidiennes de ses commissions.

Verdun, Imprimerie LALLEMANT.

1